男生不是大怪兽

异性交往

刷刷 著

希望出版社

图书在版编目（CIP）数据

男生不是大怪兽：异性交往 / 刷刷著. -- 太原：
希望出版社, 2025.3. --（女生成长小红书）.
ISBN 978-7-5379-9346-3

Ⅰ. C912.15-49

中国国家版本馆CIP数据核字第20258FJ087号

NANSHENG BU SHI DA GUAISHOU YIXING JIAOWANG

男生不是大怪兽 异性交往

刷 刷 著

出版人：王 琦　　　　　　美术编辑：安 星

项目统筹：翟丽莎　　　　　封面绘图：赵倩倩

责任编辑：赵晓旭　　　　　装帧设计：安 星

复　审：翟丽莎　　　　　责任印制：李 林

终　审：张 蕴

出版发行：希望出版社

地　址：山西省太原市建设南路21号

开　本：880mm×1230mm　1/32　　印　张：5.25

版　次：2025年3月第1版　　　　印　次：2025年3月第1次印刷

印　刷：山西基因包装印刷科技股份有限公司

书　号：ISBN 978-7-5379-9346-3　定　价：29.00元

目录

将梦留在日记本里

对女生来说，不要把梦里的事放在心上，因为那些都不是真实的。

这几天，晓晏总觉得有一双奇怪的眼睛在看着自己。

比如，在上课的时候，晓晏觉得右边的脸火辣辣的，好像被火烤一样，她一转头，坐在她斜后方的阿布就会眼神慌乱；下课的时候，晓晏和同学聊得正高兴呢，猛一抬头，就发现阿布正盯着他们看；放学的时候，大家都急急忙忙地往外走，阿布却不着急，总会落在大伙儿后面，似乎是有意要看着她的一举一动。

晓晏有点儿紧张，但是，表面上还是装出和往常没什么区别的样子，为

了尽量不让同学们看出端倪来，她会有意避开阿布的目光。

这天晚上，晓晏睡得有点儿晚。睡梦中，她忽然发现自己和一个男孩并排走在回家的路上，只是，那个男孩一直不说话。晓晏想看清那个男孩的脸，但是，他的脸上好像蒙了一层雾，怎么也看不清他的长相。

他们一路踩着落叶悠闲地走着，秋风吹起晓晏的头发，她却丝毫感觉不到冷。

他们路过一个卖烤红薯的地摊时，男孩为她买了一个烤红薯，剥开来，露出里面的红心。晓晏从他手中接过烤红薯，吃得特别香。男孩却不吃，一直默默地看着她……

这个梦是那么真切，晓晏醒来以后，似乎还沉浸在梦里，梦里的情节一幕幕呈现在她眼前，就像真的一样。

哎呀，怎么会梦到和男生在一起呢？

想到这里，晓晏有点儿自责，轻轻地拍了拍脸颊，对自己说："晓晏啊晓晏，你竟然做这样的梦，真是丢人！"

来到学校，晓晏发现同学们正叽叽喳喳地讨论着数学测验的试题，她也和大家一起讨论。做梦的

事，她自然先抛到一边去了。

"咦，阿布怎么没有来啊？"突然，有个同学发现阿布的座位是空的。

"听说阿布生病了。"一个男生回答道。

原来是病了啊。大家都没有细问，继续讨论刚才的话题。

晓晏突然觉得心里空荡荡的。

第二天一进教室，晓晏就不由自主地望向阿布的座位，竟然还是空的。晓晏的心里有点儿紧张了：难道阿布得了什么重病？

晓晏想向和阿布要好的同学打听，但是，一个女生突然关心起某个男生来，是会被大伙儿笑话的，所以她没有去问。

第三天，上学路上，晓晏还一直惦记着阿布：他今天会不会来呢？

这个问题纠缠了晓晏一路，她越是告诉自己不要去想，这个问题就越会跑到脑

子里来。晓晏有点儿痛恨自己：没出息的丫头，阿布来不来对你很重要吗？

来到教室，晓晏还是忍不住看向阿布的座位。他的座位依旧是空的。

"阿布怎么还没来啊？他到底得了什么病啊？"有人问。阿布的好朋友说："唉，那小子崴到脚

了。脚都肿了，痛得不能挨地，我昨天放学后去看过他。"

"怎么会突然崴到脚呢？"

"说起来还真可笑！阿布那家伙，最近不知道怎么回事，走路跟丢了魂似的。那天，在回家的路上，他走着走着，没注意脚下的台阶，一下子踩空了。"

那个男生说完，大家全都哈哈笑了起来。

"好可怜的阿布啊，该不会是想哪个女生了吧！"

虽然是不经意的一句玩笑话，却像针一样，猛地刺痛了晓晏的心。

这一天，上课的时候，晓晏总是很难集中精力，眼前总是会浮现出阿布踩空台阶摔倒的场景……

晚上，晓晏辗转反侧，折腾了很久才睡着。

睡梦中，她发现自己来到了一个风景特别优美的地方，天空湛蓝，湖水绿绿的，没有一丝波澜。

不知不觉
甜蜜
火辣辣

晓晏在湖边漫步，突然发现有一个男孩正背对着她望着水面。看着背影，晓晏想：这不就是上次在梦里见过的男孩吗？

晓晏问道："嘿，我们又见面了。上次，你为什么不让我看清你的脸？"

男孩慢慢转过头来，这一次，他的脸上没有了雾气，五官都特别清晰。啊——看清之后，晓晏不由得吃了一惊，男孩正是阿布！

"你不是把脚给崴了吗？好些了吗？还疼不疼？"晓晏问道。

阿布微笑着说："已经好了，一点儿都不疼了。你瞧，这不是好好的吗？"

说着，阿布就走到了晓晏的身边。

阿布指着湖心的那个小岛说："我们去那里玩吧，风景非常棒！"

"好啊！"晓晏点点头。

走过弯弯曲曲的栈道，阿布和晓晏来到了湖心岛上。

岛上长满了绿油油的青草，里面还散布着星星点点的小黄花，晓晏随手摘了几朵拿在手里玩。

向远处望去，湖水和天际连成一片，真的是太美了！

奇怪的是，湖心岛上竟然没有别人，只有她和阿布两人。

在一棵大树下，阿布和晓晏坐在那里，什么也不做。

醒来的时候，晓晏的嘴角还挂着甜蜜的微笑。她觉得，也许只有像阿布这样的朋友，才能成为知心朋友。

晓晏仔细回忆着梦里的情景，那种感觉是以前从来没有过的，很奇妙，也很美妙……

晓晏看看表，离上学的时间还早呢！她爬起来，打开日记本，把梦里的事全都详细地记了下来。有空的时候再回味一下，感觉应该不错吧！

关于这个梦，晓晏只想让它静静地躺在自己的日记本里。

刷刷姐姐
有话说

把梦里的故事留在日记里

女生，在你的梦里，出现过男生吗？

青春期的"异性梦"总是让女生很紧张：我是不是个坏女孩？我的梦和现实有什么关系呢？

其实，梦是很复杂的，它的出现和睡眠时间、睡眠深度、睡眠质量有密切关系。刷刷姐姐要告诉女生们的是：做梦是一件很正常的事，梦见男生也是很正常的事。

事实上，梦里出现的面孔，不过是做梦者最近印象比较深刻的面孔而已。如果你梦见了某个男生，并不代表你要和他交往，也不代表你喜欢他。

因为梦中出现的，可能是你早已忘记的人或事，也可

能是你期望发生的事。怎么样，听起来很神奇吧！

　　不过，梦是无法预见未来的。尽管如此，很多人仍然认为做梦是一种享受。为什么这么说呢？因为梦可以让人体验许多在现实生活中无法体验的事情，获得不一样的感受。无论是美梦还是噩梦，请享受大脑送给你的礼物吧。

　　在享受奇妙梦境的同时，大家不要忘了，不要把梦里的事放在心上，因为那些都不是真实的！可是，对于做过的梦，我们又往往无法释怀，有些梦甚至还常常困扰着我们。那么，怎样才能减少梦的困扰呢？

　　对于美梦，我们常常感到欣喜。但沉浸于美梦中，我

们又可能在上课或做其他事情的时候走神。我们不妨将美梦化作前行的动力，让美梦成真。对于噩梦，我们时常感到不安，时不时地想着梦中的情景，扰乱了自己的心绪，使自己无法集中注意力。那么，我们不妨将噩梦视作自己在睡着后看了一场电影，将其变成笔下跳动的字符，静静地躺在日记本里，成为自己记忆的一部分。

总的来说，梦，或如风雨般阴沉，或如阳光般灿烂，但梦不是现实，也不是未来要发生的事，所以梦见异性没什么大不了的。把梦里的故事留在日记里，会收获更多的快乐。

正确处理内心的情感

随着成长，女生青春期的第一个"朋友"——月经会悄悄来到身边；另外，在女生的心中，还会走进一个"朋友"，它的名字叫"异性意识"。

它的到来，让女生懵懂的心开始悸动。女生看到异性时，开始会有一种莫名的感觉，或欣喜，或害羞，或其他。

在这个阶段，女生会有许多秘密，也会经常被人这样评价："这丫头长大了，心思多了。"

对异性有好感很正常，如果大家遇到这样的情况，该怎么办呢？刷刷姐姐告诉大家一些办法。

1. 不必较真。

青春期的女生对异性的好感其实是最纯洁、最真挚的情感，也是最高尚、最美好的情感。

正因为这样，很多女生对这种好感很较真，但实际上，越是较真，就越有可能远离健康的情感，甚至还会导致身心受到伤害。

所以，当你对某个异性有好感的时候，你不用特别关注，也没有必要较真，自然对待即可。

2. 不要冲动。

青春期的女生会把对异性的好感归结为直觉，也很容易盲目地跟着所谓的直觉走。事实上，由于认知的不足和偏颇，女生很容易被异性潇洒的举止所打动，被表面的美

好所欺骗。

要知道，"冲动是魔鬼"。因直觉而冲动，可能让人失去理智，从而造成难以弥补的过错。所以，要冷静地分析你对异性的好感，正确处理这种好感。

3. 把内心的想法告诉家长。

青春期的女生总有许多问题和困惑，如果不能及时很好地得到解决，就会感到迷茫，影响正常的学习和生活。

假如你感到孤独，渴望被倾听、理解，你就需要把自己内心的想法告诉家长，而不是寄托在对异性的好感所产生的愉悦上。

4. 走出幻想的泥潭。

一些女生会把对异性的好感变成自编自演的电视连续剧，深陷在自己营造的甜蜜中不能自拔。放任自己去幻想，最终会害了自己，同时也可能刺伤别人。因此，将自己从这种幻想中解放出来，与异性进行正常的交流，就显得很有必要。

2

温暖的水杯

只有懂得珍惜与异性间的纯洁的友谊，才能更好地感受人生的欢乐和幸福。用一颗积极的心、乐观的心来善待周围的每一个人，善待生命中的每一天吧！

班里所有的男生中，轩子最讨厌的人就是烨烨。

因为小时候挑食，轩子长得格外瘦小。别看她个头不高，但是脾气可不小。

可是，烨烨偏不怕她这个"火药桶"。

有一次，轩子正烦着呢，烨烨和同桌开起了玩笑："你瞧，轩子的锁骨多突出啊，人却那么瘦小！"

同桌一听烨烨的话，立刻笑出了声。

"你说什么？有本事到我跟前来说！"轩子气得满脸通红。

烨烨大摇大摆地走过来，说："开个玩笑嘛，别生气，锁骨突出的女孩多漂亮啊！

你瞧模特锁骨突出，多好看。我这是夸你呢！"

"有你这么夸人的吗？我让你夸！"

轩子说着，拿起桌上的课本朝烨烨头上砸去。

烨烨抱头鼠窜，一边跑，还一边喊："救命啊，'白骨精'发飙啦！"

嘿嘿，这"白骨精"就是烨烨给轩子取的外号，虽然因为这件事被老师批评过，但烨烨此时又犯错了。

"哼，现在'白骨精'指的是白领、骨干加精英呢！"轩子不屑地说。

"对呀，又白又骨感的精英，说的可不就是你

嘛！"烨烨离得远远的，嘴巴依旧不饶人。

轩子正想追过去找烨烨算账，可肚子突然疼了起来，心想：算了，看在今天肚子不舒服的份上，饶了你小子。

轩子和烨烨是死对头，俩人几乎每天都会闹上几次，这也成了班里的一件趣事。这会儿，大家都等着看热闹。

看轩子在那里气呼呼的，同桌小净对轩子说："大家都说你们是天生的一对，每天都闹来闹

去的。"

轩子一听，立即竖起眉毛说："再胡说，我连你一块儿收拾！"

小净吓得赶紧捂住嘴巴，不敢出声了。

下午，学校组织大家去看冰雕展。出发前，轩子去了趟卫生间。等她上车后，发现同学们都已经坐好了，只有烨烨旁边有一个空位子。

真是冤家路窄啊！

轩子走到小净跟前，努努嘴，低声说："你坐那边去吧！"

"不行，我好不容易才抢到一个靠窗的座位。"小净说。

"哼，不讲义气的家伙。"

轩子暗自埋怨了一声，只好坐到了烨烨旁边。

烨烨不理她，把头别向了窗外。

一路上，大家可开心了，笑声和歌声此起彼伏，唯独轩子和烨烨不出声，紧张地端坐着。

冰雕场可真冷啊，同学们一个个裹得严严实实的，还不停地跺着脚。

可是，看到冰雕后，大家马上兴奋起来，似乎不再怕冷了。

在一处关于《西游记》的主题冰雕展中，正好有一组"孙悟空三打白骨精"的冰雕作品。

烨烨一眼就发现了，他看了看冰雕，又看了一眼轩子，凑到轩子身边低声说："别说，你和白骨精还真的挺像呢！"

轩子狠狠地瞪了烨烨一眼，转身走开了。

不是轩子的脾气变好了，实在是她今天身体

不舒服，也就懒得和烨烨争
辩了。

　　参观了不到一个小时，
轩子觉得全身都冻麻了，肚
子也疼得厉害，就跟老师请
了假，先回车上去了。

　　半个小时后，参观结束了，同学们三三两两地
回到了车上。

　　上车后，烨烨发现轩子缩成一团，在座位上瑟

三三两两
热闹
忻忻直跳

瑟发抖，赶忙问道："你怎么了？冷得厉害吗？"

轩子瞪着一双大眼睛看了烨烨一眼，说："不用你管。"

烨烨却不生气，从书包里拿出一个保温杯，打开试了一下温度，说："嗯，还挺热的，赶紧喝点儿热水吧。"

这杯热水对轩子来说可是"救命水"啊！轩子用感激的目光看了烨烨一眼，接过了水杯。

烨烨傻笑着说："别客气，喝吧！"

几口热水下肚，轩子感觉肚子舒服多了，心也一下子热了起来：看不出来，这个烨烨还挺细心的，要不是他带了热水，今天她可就惨了。

轩子把水杯还给烨烨，烨烨接过水杯的那一刹那，手触碰到了轩子的手。

"呀，你的手好凉啊！"烨烨惊讶地说。

"没事的，我的手本来就凉……"轩子吞吞吐吐地说。

烨烨收好水杯，不再说话。

汽车开动了，兴奋的同学们还在激动地谈论着冰雕。

轩子的脑子里全是烨烨的影子，原先自己最讨厌的男孩，此刻就坐在自己身边，往日对他的厌恶竟然烟消云散了。

难道一杯热水就把自己收买了吗？

轩子开始觉得，也许她从来就没有真正讨厌过烨烨，说实在的，要是哪天烨烨不来惹她，她倒觉得奇怪呢。

就在轩子胡思乱想的时候，突然，一只温暖的手挨到了她的右手背。

那一刻，轩子的心怦怦直跳，右手像触电一样迅速移开了。

轩子抬头环视了一下四周，发现没人注意到他

们，心才渐渐地平静下来，而那只躲开的右手，又悄悄地放回了原处。

烨烨低声对轩子说："你的手太凉了，这个水杯给你暖暖手吧。"

轩子没有说话，把头转向了窗外，手紧紧地握住了那个温暖的水杯。

回学校的路不长。很快，汽车就开到了校门口，同学们都起身准备下车，轩子连忙将水杯还给了烨烨。

下车后，轩子对烨烨说："谢谢你给我水杯让我暖手，我会永远记的这件事！"

从那以后，轩子不再对烨烨乱发脾气了，而烨烨，也再不拿轩子开玩笑了。

同学们都说他们长大了，懂事了。

现在，轩子还会常常想起那件事。那件事仿佛能带给她很多力量，让她有勇气面对任何艰难险阻。

树立正确的异性交往观

　　爱因斯坦说："世间最美好的东西，莫过于有几个头脑和心地都很正直、严正的朋友。"刷刷姐姐想告诉大家的是：纯洁的友谊是青春期最宝贵的财富，当然，也包括你和男生的友谊。所以，你和男生正常交往并没有错。

　　但如何和男生进行正常交往，并且建立纯洁的友谊，是女生的一门必修课程。

　　那么，为什么一定要和男生正常交往呢?

　　第一，增强对男生的了解，会减少对男生的神秘感。青春期，女生都会对男生有好感，但又不敢像以前一样随意地和男生一起玩，关于男生的一切都会变得神秘起来。

27

只有和男生正常交往，才会对他们有更多的了解，神秘感才能随之消失。

第二，在与男生的正常交往中，可以培养你良好的心理素质。和男生正常交往不但需要保持适当的距离，更需要有接触的勇气。如果能很好地把握亲密的程度，对你以后的人际交往会有非常大的帮助呢！

第三，和男生交往，可以培养女生优雅的举止和言行。青春期的女生总是希望能在男生面前表现自己，所以，和男生交往，对培养女生优雅的气质很有帮助。

第四，女生可以和男生在思维、性格、兴趣、爱好、待人处事等各个方面取长补短、互相激励。如果你是一个相对内向的女生，在和男生的交往中，可以让你变得开朗、

活泼。

　　第五，和男生交往还会让女生意识到自己的角色定位，锻炼女生的思考能力，让女生学会自我调节和自我控制。

　　女生与男生交往，培养正常的友谊与陶冶情操，是塑造健康人格的重要一课。只有懂得珍惜与异性间这份纯洁的友谊，才能更好地感受人生的欢乐和幸福。用一颗积极乐观的心来善待周围的每一个人，善待生命中的每一天！

女生小攻略

与男生交往的妙招

和男生交往的时候，以下这几个妙招，在关键时刻很有用：

1. 克服害羞、自卑

与男生交往，要突破"害羞"这一自我"封闭"的心理，但不要无所顾忌，要言行得体。

2. 尊重和互助

在与男生相处时，不要将自己的要求强加于人，要时刻想想自己的要求是否合理，注意相互尊重。

3. 团结最重要

与男生交往，一定要有利于集体团结。如果因为自己和几个男生要好而影响了集体团结，这也是不可取的。

3

小字条大能量

青春期是长身体、长知识的
关键时期，千万不要让你收到的
小字条扰乱了你的心！

　　小瑜最近的心情不太好。

　　好朋友媛媛拉她去看男生踢足球，可她怎么也不肯动身陪媛媛一起去。

　　"走吧，小瑜，我一个人去多没意思，一块儿去吧！"媛媛央求道。

　　"我不想去，球场里人太多了。你自己去吧！"小瑜说。

　　"哎呀，去吧，听说对方球队有好几个帅哥呢，比我们班的那些'小不点儿'强多了！"媛媛说得眉飞色舞。

　　可是，小瑜还是

面无表情，说："无聊，帅哥
有啥看头？还不是两只眼睛一张嘴？
不去！"

"快走啦，算我求你了，不然比赛都要结束了。"

媛媛几乎是拖着小瑜出了教室。

在以前，小瑜可是大家的开心果，她走到哪里，哪里就有笑声。小瑜到底怎么了，为什么突然变得如此沉郁呢？

其实，小瑜的转变还要从上周二的事说起。

那天中午放学的时候，小瑜去喊媛媛一块儿走，发现媛媛有点儿怪怪的，只见她低着头，不肯说话，神情似笑非笑的。

"嘿，你怎么了，魂不守舍的样子？"小瑜一边在媛媛眼前晃动着手，一边说。

"没什么，等会儿告诉你。"媛媛害羞地看了小瑜一眼。

路上，媛媛突然问："小瑜，你收到过那种东西吗？"

小瑜瞪大了眼睛说："什么东西呀？你讲清楚一点儿啊！"

媛媛轻轻地推了一把小瑜，说："笨啊，你！"然后，她就径直往前走了。

小瑜摸着脑袋，站在那儿想了半天，也没想明白媛媛说的是什么东西。看媛媛走远了，小瑜赶紧追上去问："到底是什么东西啊？神秘兮兮的。"

媛媛看小瑜真的不知道，就说："小字条啊，男生写的小字条！"

小瑜哈哈大笑："我以为是什么呢，原来是小字条啊，太多了，经常能看到啊。今天早上，我同桌梁子还写了一张呢，说'杨老师的眉毛像大写的一'，真是太逗了！"

小瑜笑得那么起劲，可一看媛媛都快哭了。

　　自从媛媛告诉了小瑜小字条的事后，小瑜就感觉一下子掉到了谷底：为什么没有男生愿意和自己做朋友呢？

　　别看小瑜像个假小子一样，整天和男生们在一起打闹，可是，那些男生没有一个是她真正的朋友，小瑜的心里话也是不会跟他们讲的。小瑜心想：哼，这些讨厌的男生，表面上总和自己一起玩，原来私下里想和媛媛她们做朋友。

　　回家以后，小瑜做的第一件事就是照镜子：

　　我长得很丑吗？我真的一点儿吸引力都没有吗？

看着镜子里的假小子，小瑜自己都觉得有点儿傻呢。

自卑感开始在小瑜的心中作祟，她变得懒洋洋的，慢慢地，连话也不爱说了。

足球场上，一场校际友谊赛正在激烈地进行着，小瑜他们班有三名男生是校队的成员，其中，在球队当前锋的梁子最引人注目。

你瞧，梁子刚才接到后场队友传的球，一个漂亮的盘带，就避开了对方的后卫。

"单刀了，单刀了！"场边的同学们都激动地大喊起来。可惜，梁子出脚太慢，一个绝佳的必进球被对方的门将"没收"了。

场边的同学发出一

阵唏嘘声，梁子赶紧向给他传球的队友歉意地笑了笑。

懒洋洋
抱怨
自豪

虽然球没有进，但是，这并没有影响到大家对梁子的崇拜。比赛结束的时候，还是有很多人为他鼓掌呢。

"没意思，一场比赛连一个球都没踢进去。我说不来吧，你偏要来。"场边，小瑜开始抱怨。

"嘿，谁让你真的看球啊！你瞧瞧那些女生，别看她们叫得起劲，有几个是懂足球的呀，还不是冲着帅哥来的！"媛媛不屑地说。

"不和你说了，整天就知道帅哥，帅哥能当饭吃啊！"小瑜说着，转身就要走。

突然，小瑜听到有人在喊她："小瑜，等一下，帮我把这本书带回教室吧！"

小瑜回头一看，说话的正是刚才大出风头的梁子。

"好吧，什么书啊？"小瑜问道。

梁子支支吾吾地说："没什么啦，就是一本小说。你要是喜欢，就先拿去看吧，不过，可不许让别人看到……"

梁子说完，转身和队友们去换衣服了。

媛媛瞄了一眼小瑜手里的书，说："什么小说啊，这么神秘？还不让人看呢！"

"谁知道呢，你想看就看吧！"小瑜大方地把书给了媛媛。

"人家梁子刚才不是说不让别人看吗？"媛媛虽然很想看，但是心里有点儿担心。

"没事，咱俩谁跟

谁？你不算外人！"小瑜说完就把书递了过去。

　　媛媛随手翻着书，突然大叫起来："呀，小瑜，你看！"

　　小瑜回过头，说："你发现什么了？大惊小怪的！"

　　媛媛从书中抽出一张折叠起来的小字条，打开后念了起来："小瑜，你是个非常活泼、可爱的女孩，虽然每天在你身边，但是我觉得离你好远。你的笑容，总是会浮现在我的脑海中，好想和你做知心的朋友，可以吗？——梁子。"

　　小瑜一把夺过媛媛手里的小字条，说："别念了，丢死人了！"

　　虽然小瑜看上去很生气，但是心底却是很自豪的，因为她终于可以和媛媛她们平起平坐了。

　　媛媛笑着说："看来你的魅力自会有人欣赏呢，要加油哦！"

　　小瑜说："其实在我心里，梁子早就是我的好朋友了。大家在一起能讨论开心的事，我觉得挺好的，没必要写什么小字条啊！"

　　虽然嘴上这么说，但是，小瑜还是把小字条小心地收了起来，毕竟，这张小字条让她找回了原来自信的自己，心中的自卑感也随着小字条的出现而消失了。

别让小字条扰乱你的心

小字条，顾名思义，是写着简短内容的小小的纸条。虽然它小，但是它的功能大。因为它牵动着无数男生、女生的心。

对很多女生来说，收到小字条以后，最难的就是和写小字条的男生正常相处。刷刷姐姐给大家提供的一些建议也许会帮到你。

1. 装作若无其事。有些男生可能是由于一时冲动，就给女生写小字条。如果女生立即回一张，可能会让对方误以为你愿意与他传小字条，因此也会引来很多麻烦。如果你装作什么都没发生，还是像往常一样和他来往，既不过

43

于疏远、刻意回避，也不表现出过分亲近和热情，一段时间后，他可能就会明白你的态度。

2. **面对面交流。**如果你装作若无其事，对方还是不断地给你写小字条，这时，你就必须与他面对面地沟通，告诉他你们可以做朋友，保持友谊。你也可以在见面的时候，把小字条还给男生，表明你的态度。总之，在处理小字条的时候，一定要慎重，要尊重对方的感受，不要伤了和气，更不要让对方感到难堪。

3. **请人帮忙。**如果给你写小字条的男生非常调皮，总是厚着脸皮黏着你。那么，你就可以请你信赖的人帮忙。比如，让同学来转达你的意思，必要时找家长或老师，以免招致麻烦。

4. **要用理智控制自己。**你可以常常告诫自己，应当珍惜美好时光，好好学习，而不该沉溺于和异性的交往中。你可以去读一

些励志的传记，或摘抄名人名言，来鞭策自己不断地朝目标迈进。

5. 自我暗示。时刻提醒自己："还有更重要的事情等着我去做。"不要胡思乱想，适当地转移注意力，全身心地投入你感兴趣的事情中，比如，到球场去打球，读名著，听音乐。另外，多参加集体活动，扩大自己的交际圈。

青春期是长身体、长知识的关键时期，千万不要让你收到的小字条扰乱了你的心！

女生小攻略

小字条的妙用

　　小字条可不光是异性之间交流的工具，在很多场合，它还能起到大作用。

1. 化解朋友之间的矛盾

　　和朋友吵架，被朋友误会，向朋友提意见……这些时候，你可以写一张小字条，把自己想说的话写上去，然后托人带给朋友，这样既可以表达你的想法，又可以避免当面解释的尴尬。

2. 和老师交流

在一些学生眼中，老师总是高高在上的。他们只能低着头听老师训话，不敢抬起头和老师交流。如果心里有委屈，又不敢当着老师的面说出来，该怎么办呢？这个时候，你可以请小字条来帮忙，把你想说的话写在小字条上，然后夹在作业本里，相信老师一定会给你一个满意的答复。

3. 鼓励自己

刷刷姐姐有个鼓励自己的绝招，那就是给自己写小字条。当我遇到困难的时候，我会写一些小字条给自己，如"相信自己，你一定能成功"，"坚持就是胜利"等。类似这样的小字条也会成为你最贴心的朋友，鼓励你克服任何困难。

超级组合对对碰

青春期，女生向往和男生交往是很正常的现象。可是，很多女生往往很难把握和男生交往的"度"，不是刻意回避，就是过分亲密。

期中考试的数学试卷发下来啦。

阿蓉看了看自己的成绩，天哪，竟然只有48分，自己怎么会考得这么差！

阿蓉赶紧用胳膊压住那个刺眼的分数，再瞄瞄旁边子豪的分数。呀，竟然是84分！

老天也太会捉弄人了吧，两人是同桌，一个是48分，一个是84分，有没有搞错呀！

没办法，这是无法改变的事实，谁叫子豪是"数学天才"呢！

不过阿蓉可不是完全处于下风的，上节课发下来的语文卷子，子豪才刚刚及格，而阿蓉竟然是92分，

全班最高分！嘿嘿，够厉害吧！这下可算是扳回了一局。

发完卷子，数学老师对大家说："这次考试，我发现咱们班有些同学的数学成绩很差，连一些基础知识都没有搞懂。如果现在不抓紧补上，后面学起来会越来越困难的。数学底子薄其实也不可怕，学习数学要把一个个知识点积累起来，只要每天搞懂一个问题，就可以了。"

一天搞懂一个问题，听起来也不难哦，一筹莫展的阿蓉终于可以放下自己悬着的心了。

老师接着说："我刚才遇到你们的语文老师了，了解了一下你们的语文成绩，发现存在男生数学好、女生

语文好的情况。所以，我建议数学好的同学和语文好的同学两两组合，互相帮助，这样，大家就能共同进步。"

老师说完，阿蓉和子豪不自觉地对望了一眼。

"比如阿蓉和子豪就可以互相帮助，你俩觉得呢？"老师忽然点到阿蓉和子豪，看着他俩问道。

"哦，好的。"阿蓉和子豪只好点点头。

下课后，阿蓉的好朋友小琼立刻就跑了过来，

对紧锁眉头的阿蓉说："老师让你和'数学王子'互相帮助呢，怎么还不开心啊？"

"哼，谁稀罕和他互相帮助呀！自负的家伙。"阿蓉说。

子豪听到了小琼和

阿蓉的对话，站起来说了句"没教养"，就大踏步地出去了。

阿蓉瞪大眼睛，刚要和子豪争辩，看他出去了，只好作罢。

"喂，你们可是老师指定的一对呢，哪来的这么大的火气啊？"小琼问。

"你瞧瞧他那德行，从来不正眼看人，还说别人没教养，我看他才没教养呢！"阿蓉愤愤不平地说。

"那可不一定哦，'数学王子'可是咱们班最绅士的男生呢，不信，你打听打听。我和他同路，从来没见过他坐公交车的时候乱挤，总是最后一个才上车。他还经常在车上给人让座呢！"小琼说话的口气里充满了崇拜之意。

"行了，行了，你到底是哪边的啊？净帮外人说好话。你那么喜欢他，你和他一组好了！"阿

蓉说。

"我倒是想啊，可是，谁叫你们是老师钦点的呢！"小琼笑着说。

"你个坏丫头，看我怎么收拾你。"

阿蓉准备动手，小琼撒腿就跑，两个人嘻嘻哈哈地出去玩了。

话说回来，玩笑归玩笑，和子豪一组的事也得拿出点儿态度，要不到时候老师过问起来，怎么交代呢？

自习课上，阿蓉托着下巴想了好久，就是不知道该怎么开口。

想起老师望着自己时鼓励的眼神，阿蓉还是鼓起勇气，拿起铅笔，用笔杆捅了捅子豪的胳膊。

"喂，给我讲讲这道题吧！"阿蓉对转过身来的子豪说。

"我的名字叫'喂'吗？没教养！"子豪说。

"我——"阿蓉心里的怒气噌噌地往上冒，正要发作，一抬头，发现大家都看着她呢，原来她的声音太大，引起了大家的注意。

阿蓉只好赶紧低下头，把怒气压了下去。

争辩
温柔
哗众取宠

呀！"阿蓉笑道。

子豪的脸一下子变红了，赶紧合上了作文本。

"拿来让我看看，我先帮你检查一遍才行！"阿蓉说着，一把夺过子豪的作文本。

子豪慌了手脚，连忙说："不行，这个你不能看！"

阿蓉瞪着眼睛说："我为什么不能看？老师说了，我们是一组，得互相帮助，我有义务帮你看作文。"

子豪做出要抢的姿势，说："反正你就是不能看！"

"别动，再动我就喊啦！"阿蓉警告说。

子豪看了一下四周，大家都在认真地写作业，只好把手缩了回去。

阿蓉翻开作文本看起来，突然，一篇作文里的一段话引起了她的注意：我们像两只刺猬一样，一

旦靠近，就会被对方的刺扎疼。难道我们真的没法靠近吗？我想，真正的友谊应该是亲密无间的，而不是像我们这样！

什么乱七八糟的句子啊？刺猬的刺平时是向后的，只有遇到敌人才会竖起来，怎么会对朋友竖起刺来呢？真是一点儿常识也没有，还写作文呢，难怪语文学不好！

阿蓉这样想着，正要教训教训这个自负的家伙，突然发现子豪的脸色怪怪的，看起来很不自然。不就是写了两只刺猬嘛，有什么好紧张的呢？难道这家伙心里有鬼？

不对，子豪说的刺猬该不会就是他和我吧？阿蓉突然明白了，心也开始紧张起来。

原来，子豪也想和自己做朋友呢。只是，每次面对自己的时候，他会不自觉地竖起"刺"来。

明白了子豪的心思，阿蓉撕下一张纸条，写道：

刺猬对朋友是永远不会竖起刺的，而且，朋友也不一定是亲密无间的，只有亲密"有间"的朋友，友谊才能更加长久！

写好以后，阿蓉把纸条夹在作文本里，把作文本还给了子豪……

转眼期末考试结束了，阿蓉和子豪都获得了"进步之星"奖。超级组合终于发挥出了巨大的威力。

在与异性的交往中成长

青春期，女生与男生交往是很正常的现象，可是，一些女生往往很难把握和男生交往的"度"，不是刻意回避、攻击，就是过度亲密。到底该如何与男生建立正常的友谊呢？

经验一，不要过于在意性别。不要总想着对方是一个男孩，正常交往就可以啦。交往关系要"疏而不远"，把握两人交往时的心理距离和行为分寸，避免让彼此因过于亲密而情绪波动。如果在交往中发现对方的苗头不对，要及时调整自己的态度，使交往恢复到正常的状态。

经验二，交往中不能"耍酷"，更不能上了外表很酷

的当。有的男生外表虽然很酷，但表里不一；有的男生学习成绩顶呱呱，却恃才傲物、颐指气使，女生尽量不要与这样的男生交往。

经验三，多参加集体活动。要利用每一次集体活动的机会，有意识地扩大自己的交际范围。比如，可以参加学校组织的春游，在和谐、热闹的氛围中，容易消除自己面对异性的紧张感，更有助于自己以平常心与异性相处。另外，在集体活动中，有机会更进一步了解不同的异性。因为个人在集体中的表现，比他在某个异性面前的表现更真实。

经验四，不要把自己的好感囚禁起来。当发觉自己对某个优秀的男生有好感时，可以和他接触，更多地了解并学习他的优点。但要注意，不要把时间和精力全放在交往上面。在不耽误学习的情况下，女生多与优秀的异性同学交往，多学学他们的优点，是非常有益于自身的成长的。

随着时间的推移，一部分人可能会发现正在交往的异性并不像想象中的那样出众，自己的情绪也不再像从前那样高涨。这样，好感自然就得到释放了。相反，如果一味

压抑、封闭自己的感情，只在内心通过不断的遐想来"独享"感情，很可能会陷入胡思乱想的怪圈。

经验五，保持友好关系。青春期的女生对异性的感情，会经历一个由反感到爱慕的过程。在这个特殊阶段，很多女生的情绪容易波动。刚开始会感到茫然与害羞，本能地疏远异性，甚至对其反感。渐渐地，女生们又会对在体育、文艺、学识以及外貌等方面出众的男生心生仰慕、向往。因情绪的变化，在接触过程中，很容易引起冲突，甚至动不动就为一些琐碎的事争吵，甚至绝交。

把握和异性交往的度，不但能为女生带来和谐、美好的友谊氛围，还能让女生在交往过程中获得成长呢！

女生小攻略

和男生吵架之后怎么办

　　青春期，女生的心思细腻，容易与男生在相处的过程中产生一些矛盾，矛盾升级时还往往会吵架。

　　那么，如何克制自己，尽量不去吵架呢？假如真的吵架了，又该如何面对呢？

1. 给不良情绪找个出口

　　散步、听音乐，或者去球场打球等，做自己喜欢做的事，调节自己的情绪。

2. 争吵之后要反思

冷静下来后，静静地想想自己的过失。一般情况下，争吵不会只有对方有错，想想到底是因为什么而吵。仔细想过之后，你会发现其实没什么大不了的矛盾，争吵往往是为了逞口舌之快而已。

3. 想办法化解矛盾

不必因为吵架而自责，主动找对方进行沟通，理智对待你们之间的矛盾，积极解决矛盾。如果是自己错了就主动承认错误。退一步海阔天空，没有化解不

了的矛盾。

4. 把一切交给时间

如果做到了以上三点还不能与对方和好，那么接下来就静静地等待吧。等待时机，在对方表达歉意或认识到自己的错误后和好。请放心吧，没有什么矛盾是时间解决不了的。

5

和嫉妒说"再见"

"眼红"的时候，试着马上转变思路，发现自己的特长，明确人生的目标，然后勇敢地迈出自己的步子，相信你一定能走出一条成功之路。

"小林子，我约了巴彦明天去郊外的马场学骑马，我爸爸开车带我们去，你也一起去吧！"雨诺热情地邀请小林子。

"我……我明天要去奶奶家……"小林子支支吾吾地说。

"奶奶家每天都可以去啊，反正都在市里。骑马的机会可是很难得的。那家马场的马特别棒，而且很听话，我跟巴彦说了好多次他才答应去的。"雨诺说。

小林子还想说什么，正犹豫呢，雨诺就已经堵上了她的嘴，说："别想了，你必须去啊！明天早上八点，我们在你家小区门口等你。"

说完，雨诺就兴高采烈地回家去了。

小林子的心里却像打翻了五味瓶，什么滋味都有，难受极了。

去郊外骑马，的确是件非常棒的事，哪个女孩不想去试试呢？呼吸着新鲜的空气在马场上漫步，那感觉一定超级棒！

邀请小林子去马场的雨诺，是小林子的好朋友。要是在以前，和自己的好朋友一起去骑马，小林子想都不用想就答应了。可是，现在不一样，因为她们之间多了一个巴彦。

没错，就是那个威武的蒙古族男孩巴彦，他的出现，让小林子对雨诺产生了反感。

巴彦是两个月前才转来的学生。特别的名字和身高，

使巴彦一出现在大家面前，就让全班的女生惊叹，因为班里从来没有一个男生拥有和他一样标致的五官和憨厚的笑容。

小林子的旁边有一个空座位，她多么希望老师让巴彦坐到自己身边。可是，因为巴彦太高了，不可能坐在第二排，最后，老师让巴彦坐到了最后面，他和小林子最好的朋友雨诺成了同桌。

课间休息的时候，雨诺已经掩饰不住激动的心情，向小林子炫耀起来："嘿，这个巴彦真的是来自草原。他可是在马背上长大的，骑马技术非常棒！"

看到雨诺兴奋的样子，小林子突然觉得自己心里酸酸的。

从那以后，小林子总会从雨诺那儿听到有关巴彦的各种各样的消息，比如：巴彦最喜欢喝奶茶，家里经常自制奶茶；巴彦最擅长的是摔跤，参加过小巴图鲁大赛。

　　每次听雨诺说起巴彦的时候，小林子心里就甜甜的，可是，看到雨诺得意的样子，她又会莫名地感到沮丧。每天都在这样的情绪中度过，小林子的心情很糟糕。

　　所以，当雨诺邀请她去骑马的时候，她的第一反应就是不想去。

　　可是，一想到巴彦也要去，小林子心里又很向往。

　　接下来的夜晚，小林子就是在这样的矛盾中度过的。

　　第二天，小林子很早就起来了，定好的闹钟根本没用上。吃过早饭，小林子望着窗外马路上的汽车，心里有些忐忑不安。

　　小林子一遍又一遍地看表，表针却总是慢吞吞的，半天才挪动一步。

　　七点四十分的时候，小林子就收拾好东西，下了楼。

　　雨诺家的汽车八点钟准时来到小区门口。雨诺打开车窗，远远地朝小林子热情地招手。

　　小林子挤出一丝微笑，也挥了挥手。

　　等车子停稳了，小林子才发现巴彦就坐在雨诺的身旁，正向她微笑呢。

　　巴彦说："原来你家住在这里啊，离我家不到一百米呢！"

　　雨诺插嘴说："你还不知道啊？其实小林子和你是同路的，以后，你可以和她一起放学回家哦！"

　　雨诺的这句话，小林子听起来感觉好亲切啊，觉得这是两个月来雨诺说过的最动听的话。

　　汽车行驶了大概两个小时，就来到一片绿油油的草场。平缓的山坡上，一群马儿正在悠闲地吃草呢。

真是个迷人的地方。一下车，小林子他们就陶醉在绿草的清香中了。

　　马场的叔叔牵过来两匹骏马：一匹是白色的，另一匹是黑色的。巴彦挑中了白色的那匹，踩着马镫，一个漂亮的翻身，就骑到马背上了。

　　巴彦一扯缰绳，大喝一声，马就飞奔了出去。雨诺和小林子都看呆了，连雨诺的爸爸都一个劲地夸巴彦，自叹不如呢！

　　雨诺悄悄对小林子说："瞧见了没，巴彦绝对是传说中的'白马王子'！"

　　小林子扑哧一笑，小

声地说："待会儿你骑上那匹黑马，就是'黑马公主'了！"

说完，两个人立即笑成了一团。

巴彦跑了一圈，回来后笑着说："这马真棒，你们也上来体验一下吧！谁先来？"

一听要骑马，雨诺连忙躲到了后面，说："我可不敢，万一摔了怎么办？"

巴彦爽朗地笑着说："不会的，我可从来没从

马背上掉下来过。上来吧，我会保护好你的。"

热情
微笑
孤零零

雨诺看了一眼爸爸，爸爸点点头，说："我看巴彦的骑术挺棒的，我都比不上，你就放心体验一下吧。我骑另一匹马，跟着你们。"爸爸一边说，一边扶雨诺上马。

"腿要夹紧哦，脚踩在马镫上，手抓住马鞍的扶手，我们要出发了！"

只听巴彦"驾"的一声，马儿就跑了起来。刚开始，雨诺吓得连连尖叫，可是跑出去没多远，尖叫声就变成清脆的笑声了。

看着巴彦和雨诺渐渐远去的背影，小林子突然觉得心里有一股莫名的、说不出的滋味。

小林子孤零零地站在草场上，仿佛这个世界上只有她一个人。别人为什么都那么快乐，而自己的

快乐为什么越来越少呢？这个世界对自己不公平！

就在小林子感到难过的时候，巴彦的马突然出现在她身后。

巴彦把雨诺放下来，然后对小林子说："来吧，该你了！"

小林子还没反应过来，就被巴彦拉上了马。

白马一声长嘶，又跑了起来。小林子紧紧地抱着马脖子，感觉整个人都要飞起来了。

那感觉，小林子绝对终生难忘。

巴彦在她后面说："感觉不错吧！以后有机会，我带你们到草原上骑赛马，那才过瘾呢！"

小林子没有说话，心里的孤独感似乎不见了。她突然想到，也许是自己太小心眼了，其实，巴彦和雨诺一直是自己最好的朋友！

远离嫉妒，正常交往

有个女孩见到蚂蚁必踩。别人不明白，问她为什么要和小蚂蚁过不去。女孩恨恨地说："这个小东西，这么爱吃甜的，腰还这么细，气死我了！"

可见，这个女孩的嫉妒心是多么可怕。可是，就算踩了蚂蚁，她会好过一些吗？恐怕不会吧。

其实，嫉妒是一种以自我为中心的不健康的心理，不利于女生和男生之间的正常交往，而最先受到伤害的，往往是爱嫉妒的人。

法国大文豪巴尔扎克曾说："嫉妒者的痛苦比任何人的痛苦都大，他自己的不幸和别人的幸福都使他痛苦万分。"

77

青春期的有些女生，看到自己有好感的男生和别的女生做朋友，有时会产生很强的嫉妒心。女生为什么会有这样奇怪的心理呢？

　　其一，那些容易在与男生交往中嫉妒他人的女生，她们想同男生进行正常交往，但是又没有勇气迈出那一步，就对自己喜欢的男生与别人交往特别敏感。

　　其二，容易嫉妒他人的女生缺乏自信。什么是自信呢？很简单，就是对自己有正确的评价，对自己有信心。如果

不能正确评估自己，总是拿自己的不足与他人的优点相比较，心理上就会产生落差，从而产生嫉妒，甚至自卑，片面地认为是别人的快乐加深了自己的痛苦。

其三，爱嫉妒他人的女生往往争强好胜，她们做任何事情都喜欢争第一。那么，一旦遭遇交往挫败，就很有可能对和自己喜欢的男生交往的女生产生嫉妒心。

那么，如何克服交往中的嫉妒心理呢？

1. 把嫉妒的对象变成欣赏的对象吧。欣赏会使人产生美好、敬佩、喜悦的情绪，它是治疗心灵伤痛的良药。当嫉妒来袭，你可以在心里暗示自己：我比不过你，我欣赏你还不可以吗？这样想，你就能够战胜真正的对手——自己。这样的你比任何人都勇敢和强大。要学会从你嫉妒的对象那里学习交往的经验和技巧。

2. 肯定自己的价值。变得自信一点儿，你会发现自己是优秀而独特的，只有这样，你才能自信地和男生交往，得到别人的赞赏。如果总是处在抱怨和自卑之中，没有人能发现你的独特之处。

3. 将心比心。冷漠和诽谤会带来的危害，很多时候你是意识不到的。如果将心比心，你会发现因嫉妒而产生的冷漠和诽谤有多可怕，有时候，这种冷漠和诽谤不仅仅会伤害自己嫉妒的对象，也会伤害周围的人。

4.“临渊羡鱼，不如退而结网。”"眼红"时，试着马上转变思路，发现自己的特长，明确人生目标，然后勇敢地迈出自己的步伐，相信你一定能走出一条成功之路。

女生小攻略

嫉妒时的模式转变

处于青春期的女生出现嫉妒心理在所难免，关键是要积极调整。改变心态与交友模式，可以有效地避免过度嫉妒。

1. 扩大朋友圈

不要沉浸在自己的小圈子里，扩大自己的朋友圈，不仅可以让自己交到更多的朋友，还能丰富阅历，使心胸变得开阔。

2. 你的朋友也应该有别的朋友

即使你有好感的男生有了别的朋友，也并不代表你很糟糕。同样，他和一位他欣赏的女生正常交往，也并不代表他不想和你做朋友。与其嫉妒，不如关心一下他吧。

6 和老师做朋友

年轻帅气的男老师，往往是女生们身边最常见到的异性，自然成为女生们第一个崇拜的偶像。那么，女生该如何正确与男老师交往呢？

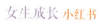

科学课上，强子老师拿起粉笔在黑板上写了一个大大的"电"字，然后神秘地问："这节课老师要和大家做个游戏，谁愿意上来？"

同学们争先恐后地举起了手，只有臻臻埋头在纸上乱画着什么。

"臻臻，你不喜欢做游戏吗？"

强子老师偏偏叫到了臻臻。

"我……不是……我……"臻臻支支吾吾的，不知道说什么好，脸蛋羞得绯红。

"没关系的，"强子老师和蔼地说，"上来吧，我们一起来做，这个游戏很好玩、很神奇的。"

迟疑了片刻，臻臻还是走上了讲台，大家都用羡慕的眼神看着她。

强子老师拿起一张纸，撕成碎片放在臻臻的手心里，再拿起一根塑料棒子，在臻臻的头发上轻轻地摩擦。

臻臻瞪着眼睛，感觉有些莫名其妙……

过了一会儿，强子老师把摩擦后的塑料棒靠近臻臻手里的碎纸屑。刹那间，纸屑都神奇地被吸附到塑料棒上了。

强子老师说："看到了吗？这就是电。"

同学们都非常兴奋，只有臻臻还傻站在原地。

"回去吧，臻臻，谢谢你的配合，你表现得非常棒！"强子老师微笑着说。

回到座位后，臻臻的心还在怦怦地

狂跳。

如果你以为臻臻是被吓到了，那你可就猜错了，臻臻绝对不是一个胆小的女孩！那她为什么会如此紧张呢？

嘿嘿，因为臻臻被"电"到了。

就那么点儿吸住碎纸屑的静电，能电到臻臻吗？有点儿夸张吧！

哎呀，你又猜错了，电到臻臻的不是吸住碎纸屑的静电，而是从强子老师身上发出来的"电"。

很简单，强子老师是全校最帅的老师。这下大家都明白了吧！

整节课，臻臻的心都不能平静下来，世界一下子变成了灰色。除了强子老师，她什么都看不到，也听不到。

臻臻拿起一支笔，机械地在白纸上反复画圈，越画越乱，直

到整张纸都被画满了。

其实，看到强子老师就紧张，对臻臻来说可不是第一次了。

9月初开学的那天，臻臻和小珂等几个女生在阳台上聊天，暑假里好玩的事情太多了，大家七嘴八舌地抢着说。

突然，有个女生尖叫道："呀，瞧，那个老师好帅呀！"

聊天的同学都停了下来，向那个女生指的方向看去，一名穿着格子衬衫的年轻男老师，正精神抖擞地朝教学楼走来。

"怎么从来没有见过呢？"小珂说，

"一定是新来的老师，就是不知道哪个班会这么幸运，遇到这位无敌帅气的老师。"

等老师的身影不见了，大家又开始欢乐地聊天了。

"丁零零……"清脆的上课铃声响起，大家都回到座位上坐好。这节课是科学课。

当强子老师走进来的时候，教室里马上就响起了女生窃窃私语的声音。

"快看啊，原来这位新来的老师是我们班的老师，这就叫缘分！"小珂激动地对臻臻说。

臻臻简直不敢相信自己的眼睛，真的是他呀！

强子老师的自我介绍非常幽默，并且他还告诉同学们，以后大家都可以叫他强子或者强子老师。

从来没有哪个老师会让学生叫自己的名字，这个强子老师的亲和力果然不一般，就连男同学，也都对他佩服得五体投地。

强子，强子，臻臻在心里默念着，忽然想到，这个名字不是自己最喜欢的主持人的名字吗？

　　看来，强子老师真的和自己有缘分呢！

　　所以，自从强子老师开始上课以来，臻臻的心就从来没有平静过。

　　臻臻怎么也不会想到，就在刚才，在讲台上，当着所有同学的面，强子老师碰了她的头发。

　　没有人能理解臻臻内心的激动，她觉得，自己和强子老师之间肯定有一种神秘的联系，那是外人无法理解的。

　　比如，强子老师会在她的科学课作业本上画笑脸。

从来没有老师会在作业本上画东西。所以，强子老师对她很特别。这一点，臻臻深信不疑。

可是，有一天，臻臻的梦碎了。

那天，臻臻在上课的时候走神了，没听见强子老师布置了什么作业。于是，她找到课代表小珂，问："强子老师布置了什么作业？我没听清。"

小珂急着上厕所，找出作业本递给臻臻，说："我记在作业本上了，你自己看吧。"小珂说完就一

溜烟地跑开了。

臻臻打开作业本，突然，她被眼前的东西惊呆了。

是笑脸，和自己的作业本上一样的笑脸，而且还有很多呢！

为什么会这样呢？

小珂上完厕所回来后，见臻臻惊讶地看着自己的作业本，问道："怎么了臻臻，我的作业本有啥不对吗？"

臻臻指着小珂的作业本上的笑脸说："这个，怎么会有这个？"

小珂笑着说："这是强子老师特殊的批改作业的方式，写得好的作业他就会画上一个笑脸。每个人的作业本上都有，你没有吗？不可能吧！"

每个人都有！听到这句话后，臻臻的眼泪瞬间流出来了。

"你没事吧，怎么了？"小珂有点儿莫名其妙。

"没什么，眼睛进沙子了。"臻臻回到自己的座位上，埋头让眼泪全都流了出来。一旁的小珂都不知道该怎么去安慰她。

从那以后，臻臻不但听不进去科学课，还常常在课上发呆。

突然有一天，臻臻发现自己的科学作业本上的笑脸变成了彩色的，这是怎么回事呢？难道强子老师的批改方式升级了？

不过，这一次不同，只有臻臻一个人的作业本上的笑脸是彩色的，下面还有一段话呢：臻臻同学，也许你原来的世界只有灰色，但从今天开始，请为你的世界涂上其他色彩吧！

臻臻仔细一想，觉得强子老师说得没错，以前，她的世界里只有强子老师，实在是太单调了，是应该让自己的世界变得多彩了。

刷刷姐姐有话说

如何与老师做朋友

老师的字写得好漂亮啊！老师说话好亲切呀！

对青春期的女生来说，每天都有大量的时间和老师相处。很多人非常喜欢自己的老师，希望能和老师做朋友，但是，如何与老师做朋友呢？

首先，要尊敬老师。

老师无私地把知识毫无保留地教给我们，如果说他们希望得到什么回报的话，那就是看到我们成才，在知识的山峰上越攀越高。作为

学生，要尊敬老师，见到老师要礼貌地打招呼。上课认真听讲，不违反纪律，把老师布置的作业保质保量地完成。有些同学的作业写得马虎、潦草，单是让老师辨认字迹就要费很大工夫，给老师增添了很多额外的工作。经常这样，老师怎么会高兴？怎么会喜欢你呢？尊敬老师，尊重老师的劳动，是和老师做朋友的前提。

其次，要勤学好问，虚心请教。

经常会有同学说："那个老师并不怎么样！"

其实，老师的年龄、学问、阅历、知识水平都是高于学生的。勤学好问不仅直接使自己受益，还能加强和老师的交流，缩短与老师的距离。每位老师都喜欢勤学好问的学生。

再次，要正确对待老师的过失。

在这个世界上，根本不存在没有缺点的人，老师不是完美的，他有的观点也可能不正确，也会偶尔误解你。发现了老师的不足，要向老师委婉地提意见。如果老师冤枉了你，同样可以委婉地向老师说明，或以书信的方式向老师解释。

男生不是大怪兽 异性交往

最后，犯了错要勇于承认。

有的人明知自己错了，可是心里不服气，死不认错；有的人挨老师一次批评，心里就特别反感老师，认为他对自己有成见。这些都是没有必要的，主动向老师认错，及时改正，老师依然会喜欢你。

总之，与老师做朋友，不仅可以促进学习，还能学到很多做人的道理，让你一生受益无穷。

7

真诚待人

　　和异性朋友相处，最重要的是真诚。只有以诚相待，才会有纯洁的友谊。在真诚的基础上，异性也可以成为自己推心置腹、无话不说的朋友。

女生成长 小红书

英语课结束后，班主任吴老师开始收拾课本。

突然，阿辉高举右手，吴老师微笑着问："有什么事吗？"

"老师，我发现我好像近视了，黑板上的字看起来模糊不清。"阿辉揉揉眼睛说。

"哦，那可要注意，有空还是先去医院检查一下，不行就配副眼镜吧。"吴老师说。

"嗯……"阿辉犹豫着说，"老师能不能把我的座位往前面调一下啊？"

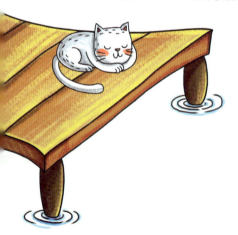

吴老师抬头环视了一下正在收拾课本的同学，然后说："大家先停一下，阿辉可能近视了，你们有谁愿意和他换座位？"

同学们一下子安静下来了，你看看我，我看看你，都没有出声。

　　这时，芮芮突然举起手说："我愿意换，我的视力不错。"

　　吴老师点点头，对阿辉说："好吧，那你就和芮芮换一下座位吧！"

　　吴老师走出教室后，阿辉一脸得意地来到芮芮跟前，偷偷看了一眼坐在芮芮旁边的晗之，然后对芮芮挤了一下眼睛，就回自己的座位收拾东西了。

　　对于芮芮的举动，晗之有些意外，看她正在收拾东西，就问："你怎么突然想坐到后面去呀？"

　　芮芮笑着说："和你待烦了，我想换个新鲜的同桌。"

　　"哼，你个鬼丫头，谁知道你打的什么鬼主意。"

晗之看芮芮不想说，也就没有继续问下去。

芮芮的东西还没有收拾完，阿辉就已经抱着书包过来了，对芮芮说："我来帮你吧！"

芮芮瞪了阿辉一眼，说："少来献殷勤，看你那猴急样儿！"

晗之在一旁听着他们的对话，觉得有些莫名其妙，总之，今天的一切都是怪怪的。

阿辉坐下来后，就开始和晗之搭话了，而且全是奉承的话："同桌，以后还请多关照啊！"

"你的英语是全班最棒的，要多帮助我啊！"

虽然是好听的话，但是，晗之对阿辉没有任何好感。

这天，晗之正在看一本英文杂志，阿辉表现出很好奇的样子，说："真了不起，我的同桌竟然能看懂英文杂志，我连普通的杂志都没看过几本。"

晗之被阿辉的话逗笑了，说："哪有那么夸张，这本杂志是中英文对照的，而且很多单词我都得查字典呢。"

阿辉说："就冲你这好学的精神，我就要膜拜你，看来，能和你做同桌，我可真是幸运啊！"

"能和我们晗之做同桌，你该感谢我。"

晗之和阿辉聊得很开心，他们没有注意到芮芮来到了他们身边。

阿辉说："你来干什么啊？"

芮芮微微一笑，说："嫌我多余啊？那好，我不打扰你们了。你答应给我的话剧票呢？"

阿辉马上反应过来，对芮芮说："演出还早呢，一周后才有，你急什么？我保证到时候给你。"

然后，阿辉连推带搡，把芮芮推到了一边。

等阿辉回来后，晗之好奇地问："什么话剧票啊？搞得这么神秘。"

阿辉不好意思地拍拍脑门，淡淡地说："没什么，就是《绿野仙踪》的演出票，这部剧在我妈妈工作的剧院里演。"

一听到"绿野仙踪"这几个字，晗之马上兴奋了，说："瞧，我正在看的这篇文章就选自《绿野仙踪》英文版。这可是我最喜欢的书！"

"啊，那好办，"看晗之很喜欢的样子，阿辉得意地说，"让我妈妈帮忙也给你拿张票好了，下周我们一起去看。"

"嗯，太谢谢你了，阿辉！"

晗之突然觉得阿辉其实也挺可爱的，要是话能少一点儿就更好了。不过，要是真的不让他说话，倒是少了很多乐趣呢！

"对了，芮芮怎么知道你能拿到票呢？"晗之突然想起了刚才的事，问道。

"这个……"阿辉犹豫了一下，还是鼓起勇气

说，"我告诉你一个秘密，其实，我的眼睛并没有近视。"

"什么，你骗了吴老师？"晗之惊讶地问。

"嘘，小声点儿，"阿辉说，"别让同学们听见了。我还不是为了能和你做朋友，才找芮芮换座位的。"

阿辉的话一出口，晗之一下子就呆住了。

原来，这一切是一个骗局，阿辉为了换座位而骗吴老师，芮芮为了一张话剧票而答应和阿辉一起演戏。真的是太滑稽了，自己傻乎乎的，被他们骗得团团转。

"你居然撒谎，我告诉老师去！"晗之生气地说。

"千万不能告诉老师，要是让大家知道我为了和你做朋友才撒谎换座位，对你也不是什么好事啊！"阿辉说。

晗之仔细一想，觉得阿辉说得没错，要是真的让大家知道了，自己的脸可没地方搁！不过，阿辉和芮芮这样的朋友，以后还是不要再交往了吧。

"那好吧，这件事我就不追究了。不过，以后我们各走各的，你走你的阳关道，我过我的独木桥！"

阿辉愣在原地，他没想到，晗之对他撒谎的反应这么大。

从那天起，晗之就再也没有和阿辉说过话。

到了周五，晗之的课桌里多了一张话剧票，话剧票背面还写着一句话："请为我保守换座位的秘密。"

到底去不去看呢？晗之很矛盾，这可是自己最喜欢的话剧啊，但是，偏偏是阿辉送的票。

经过一夜的思想斗争，周六下午，晗之还是出现在剧场门口。她想，也许阿辉会给她一个真诚的

道歉，她要让阿辉也给老师道歉。

但是，直到演出开始，阿辉都没有出现，晗之倒是发现了芮芮的身影。

芮芮急匆匆地进去找座位了，都没有注意到站在剧场门口的晗之。

演出开始了，晗之望了一眼手里的话剧票，然后把它撕成两半，扔进了垃圾箱。

剧场里音乐声已经响起，晗之却走了出来，她想：她要去告诉老师换座位的秘密，因为，让阿辉学会真诚比一场话剧更重要。

刷刷姐姐
有话说

女生要学会拒绝

每个人都应有接纳与宽容之心，但也要学会拒绝。

青春期的女生，不仅要学会与异性相处的艺术，也要学会拒绝异性不合理相处的艺术。

请记住：即便是合理的拒绝，言辞激烈，或者说言行不当，也有可能伤害对方的自尊。含糊不清的拒绝，则可能让对方产生误会，不仅达不到拒绝的效果，反而有可能让对方得寸进尺。只有掌握了拒绝的艺术，才可能既维护了对方的自尊，又不致使自己与对

方的关系变得恶劣。有时候，因为拒绝得巧妙，还可能让自己多一个值得信赖的朋友。

那么，究竟应该如何拒绝他人呢？

如果你发现男生正在想办法接近你，不要过于担心和害怕。青春期，遇到男生想和你交往是正常的。面对对方的示好，首先要学会尊重对方，你可以向他明确地表明自己的态度，如：我们现在年龄还小，正处于求知阶段，不要因过度交往的事影响到学习。

只要你晓之以理，动之以情，相信对方是会尊重你的选择的。

　　请记住，尊重对方，就不要将对方的秘密公之于众，更不要当众嘲讽对方，这样做会伤害对方的自尊心，使事情变得复杂。如果你觉得自己无法处理好这样的事，可以悄悄地对父母或老师说，争取到大人的帮助。

　　总之，在给对方答复时，一定要态度明确、诚恳、坚决，不能含糊不清，使对方误解。

　　如果对方无理纠缠，你也不要害怕，可以见机行事。

　　必要的时候，可以把事情告诉家长或老师，请他们帮你做对方的思想工作，使对方及早放弃不应有的想法。

女生小攻略

警惕与异性交往时的四种现象

青春期，女生与男生的交往变得频繁，在这种特殊时期的异性交往中，会时不时地出现一些不良现象，通常有以下四种，应当避免。

1. 偶像化

偶像化是指女生在与男生交往时模仿电视剧中人物的语言、行为等，自己觉得非常时尚，但容易给他人空洞、做作的感觉。

2. 物质化

不少女生在和男生交往时花钱大手大脚。有的女生家庭并不富裕，可她们丝毫不顾及这一点，花钱时非常潇洒，不考虑那都是父母的血汗钱，在男生面前摆阔。她们送给男生高档次、价格不菲的礼物，在同学中形成一股攀比风。

3. 目的化

有的女生以跟男生打成一片作为炫耀的资本，她们跟男生交往有时是出于追求奇异和表现自我的目的。有的女生甚至看到别的同学有男生朋友，自己也故意和男生交往，带有很强的目的性。

4. 礼仪欠缺

由于现在的学生多是家里的宝贝，他们当中有些人由于长辈的溺爱，养成了唯我独尊的坏习惯。在与异性交往时丝毫不考虑对方的感受，总是简单地从自己的立场出发，

不知道哪些话可以对异性说，哪些话不可以说。

对比一下，你和异性交往时有没有出现过类似的现象呢？如果有的话，一定要注意，并努力改变。比如，在自己花钱大手大脚的时候，多想想父母赚钱的辛苦；与异性交往时，时刻记住男女有别，等等。

8 "约会"要有正能量

很多女生在"约会"的时候，心里会有一种甜蜜的感觉。需要提醒的是：别轻易陷进这种甜蜜的假象中，"约会"要适可而止。

　　高菲是个超级漫画迷。打开高菲的书柜，你会看到各种漫画书，仅《父与子》就有三个不同的版本呢。

　　高菲从小就喜欢看书，还曾经因为沉迷看书而挨了很多次父母的批评。因为每次到了睡觉时间，她就拿着故事书不肯放手，爸爸妈妈要催好久，才会恋恋不舍、磨磨蹭蹭地放下。

　　高菲刚开始识字，就喜欢上漫画书了，爸爸妈妈买来的经典漫画书看完了，又四处找别的漫画

书看。

为了不影响高菲的学习，爸爸妈妈禁止高菲看漫画书。结果，高菲每天晚上等他们睡着了，在床上偷偷地看。

现在，12 岁的高菲的鼻梁上架着厚厚的眼镜，整天都提不起精神，书包里总是少不了漫画书。

一天，高菲身体不舒服，上体育课时请假了，一个人在教室里看漫画书。

突然，高菲被一个粉笔头打中了，她向窗外张望，却什么也没有看到，只好继续埋头看书。

可是，她刚一低头，又有一个粉笔头飞了过来。

"谁干的？有本事就站出来！"高菲生气地喊道。

可是，教室外面静悄悄的，没有动静。

高菲只好继续看漫画书，可是不到一分钟，粉

笔头又飞了过来。

这次，高菲不能再忍了，她大踏步地走出教室。

高菲左右看了一下，没看到人，可是一转身，发现身后多了一个男生，他手里拿着她刚才看的漫画书。

"为什么偷我的书？"高菲怒气冲冲地说。

"《罗小黑战记》，哈哈，这本书我找了很久，总算找到了！嘘——别说得那么难听，我这是借，不是偷哦！"男生嬉笑着说。

"哼，借？你是用粉笔头借吗？"高菲说。

"不是，刚才我用的是'调虎离山'计，你看了这么久的《罗小黑战记》，没学了几招吗？"男生得意地说。

"少贫嘴，把书还给我。"高菲态度坚决地说。

"你就借给我看看嘛，都是同道中人。"男生的态度一下子变得好多了，"我就在隔壁班，我叫阿清。刚才上自习课，我看漫画书被老师发现了，老师不仅没收了漫画书，还让我在门口思过。站了半天，我发现你们班就你一个人在教室里，远远一看，发现你在看漫画书，才把你引出来的。"

原来阿清也是个漫画迷。

经阿清这么一说，高菲的气也消了。说起看漫画书被老师和家长抓住的事，两个人都滔滔不绝。

快下课的时候，高菲已经和阿清成了好朋友。当然，漫画书也借给了阿清。嘿嘿，高菲的书包里可不会只装一本漫画书哦！

　　自从认识阿清后，高菲几乎每天都要和他交流看漫画书的心得。两个人越走越近，成了无话不谈的知心朋友。

　　阿清大高菲一岁，他的漫画知识非常丰富，而且还上过漫画培训班，会自己创作漫画。

　　所以，在高菲心里，阿清可是个大才子呢。

　　后来，阿清常常把课堂上的一些趣事画成漫画给高菲看，两个人看着漫画乐不可支，非常聊得来。

　　渐渐地，在高菲心里，阿清和漫画书一样重要，

甚至更重要。自信的阿清总是让高菲着迷。晚上躺在床上的时候，高菲总会偷偷地想：和阿清的关系能不能再近一点儿呢？

没过多久，高菲就发现，其实阿清也有这样的想法。

那天放学的时候，阿清还回来一本漫画书，当时高菲顺手就装进书包里了。

回到家，高菲准备把书放到书柜里，可是，书柜真的太满了，要塞进去一本书可真不容易。

"啪！"一不留神，书掉到了地上，一张小字条从书中飞了出来。高菲好奇地拿起小字条一看，上面写道：会展中心星期六有全国动漫展，我已经买了两张票，我们一起去吧！

看完小字条上的内容，高菲的心怦怦直跳：这是约会吗？没错，这是自己第一次被男生正式邀请呢！

高菲赶紧跑到镜子前审视自己，第一眼，她就被自己厚厚的眼镜片吓了一跳："呀，我怎么从来没有注意到自己戴着如此难看的眼镜四处乱跑呢！"

"妈妈，我要配隐形眼镜！"高菲向正在厨房里做饭的妈妈喊道。

妈妈好奇地问："怎么突然要配隐形眼镜了？上回说给你配，你嫌麻烦，死活不要，现在又自己提出来。"

"此一时，彼一时嘛！"高菲笑着说。

星期六，当高菲出现的时候，阿清吓了一跳，他差点儿没认出高菲来。因为高菲标志性的眼镜不见了，背也挺直了，还穿了一条蓝色的裙子。

阿清吃惊地说："麻雀变凤凰了，我可是头一次见你穿裙子呢！"

"嘿嘿，算你小子有福！"高菲自信地说。

动漫展好热闹，光是新奇的角色扮演就让阿清和高菲看不过来。

"瞧，那个展台前好多人呀！"阿清指着前面说。

高菲和阿清挤过去，发现竟是一个小孩的漫画作品在现场签售，再看看那个小孩，比他们还小呢。

高菲拿起一本翻看："呀，这种类型的生活漫画你也画过的，而且比这好很多哦！"

听到高菲这么说，阿清也拿起一本漫画书看了看，果然是自己画过的类型。

从动漫展回来后，阿清变得沉默了。

过了几天，阿清对高菲说："我想好了，我以后再也不把时间浪费在看漫画书上了，我要好好学画漫画，也要出版漫画书！"

虽然阿清的决定有点儿突然，但这在高菲的意料之中。其实，高菲早就想对阿清说这些话了。

高菲朝阿清竖起了大拇指，说："我们一起努力。从今天开始，我也要好好学画漫画，不沉迷于看漫画书。不过，你的画一定要给我看哦。"

阿清笑着说："嗯，你的画我也要看。咱们一起朝目标奋进。"

"啪！"伴随着一声清脆的击掌声，两个人都笑了。

如何和男生正确地"约会"

"约会"总是能满足女生们的好奇心和虚荣心，但是，它也是青春期最常见的烦恼之一，因为"约会"可能让女生显得很尴尬。

如果一个和你很谈得来的男生约你，你到底该不该去呢？如果不去，朋友会很失望；如果去了，又担心自己的安全。怎么办？

刷刷姐姐为你提供了一些有关与男生"约会"的方法。

第一，在"约会"时展示你的魅力。

"约会"是展示个人魅力的最好时刻，应注意每个细节，在细节中展现你的魅力和风采。有礼貌，懂得谦让，

有爱心等，这些都是女生的魅力所在。

第二，在"约会"中多谈理想。

把你的理想告诉和你"约会"的男生吧。"约会"是你们增进友谊，畅谈理想的最佳时机，通过这样的交流，你也会更加了解你的朋友，了解你们是否兴趣相投，是否有相同的价值取向。

就像故事中的高菲，和与自己兴趣相投的男生去看动漫展，是一件美妙的事。在看动漫展的过程中，相互学习，交流心得，对两人都是有好处的。他们的"约会"是参加兴趣相投的活动，保持了一种恰到好处的氛围，"约会"才很美好。

第三，选择合适的"约会"场所。

可以和男生一起去看画展、参加集体活动、观看演出等，总之，"约会"的场所要选择公共场所。不要单独和男生待在一起，尤其不能待在封闭或者光线很差的环境中，比如宾馆、无人的角落等。

第四，邀请你的女性朋友陪同。

将和男生的"约会"巧妙地变成一个小圈子的聚会。

叫上你们都熟悉的女生，大家一起聚一聚，不但可以分享喜悦，还更加安全。

第五，一定不要晚上和男生单独"约会"。

如果男生在晚上提出和你单独"约会"，一定要果断拒绝。并且，对这样的男生你应该提高警惕，并与他保持距离。

第六，不要触碰底线。

不要让男生触碰你的身体，不然，"约会"会让你变得很尴尬，而且还可能受到伤害。

和男生约会时要懂得把握频率和距离，如果发现超过了普通朋友的界限，就要及时中断交往。

要懂得适可而止，懂得控制自己，学会有节制地"约会"，让"约会"迸发出催人努力向上的能量。

女生小攻略

女生"约会"的自我保护策略

一般来说，青春期的女生不要同男生单独"约会"。假设这样的"约会"你已经答应了，女生一定要提升自我保护意识，学会保护自己。

1. 决定"约会"之前，要想清楚

想一想"约会"对自己的意义，是利大于弊，还是弊大于利，可以征求父母的意见，他们总是能给我们指导性的建议。

2. 清楚且坚定地拒绝对方的过分要求

如果"约会"时男生有过分要求，女生要懂得说"我不要""我不愿意""我不喜欢"等。"约会"是为了增进友谊，共同进步，除此之外的要求，都是不合理的。

3. 避开危险和诱惑

"约会"的时候，女生一定要避开不安全的场所和不健康的内容，比如密闭的空间，不健康的书刊或电影、喝酒或使用药物、玩身体接触的游戏。

女生要学会主导自己的"约会"，让你的"约会"时刻在阳光下进行。

9

别让流言飞下去

青春期，总会遇到很多与异性交往有关的流言，万一流言有一天降临到你身上的时候，不妨转变一下心态，让这些流言"飞"走就可以了。

今年的元旦晚会上，滢滢的一举一动格外引人注目。

原因很简单，滢滢不但长得漂亮，而且是班里发育最早的女生，所以，自然成为男生们关注的焦点，当然，也是女生们嫉妒的对象。

为了不过于引人注目，滢滢处处小心谨慎，生怕被大家说三道四。往年很喜欢唱歌的她，今年却故意躲在人群后面，一声不吭。

大家都表演了节目，班主任胡老师突然发现滢滢还没表演，就叫道："滢滢，为大家唱首歌吧。大家都喜欢听你唱歌，对不对？"

"对——"同学们都鼓起掌来。

这下滢滢坐不住了，起身说："那我就给大家唱一首歌吧。"

立刻就有同学开始叫好。

"怕你飞远去，怕你离我而去，更怕你永远停留在这里……"

滢滢的歌声果然很甜美，大家都听得入迷了。可是，她的歌声在赢得了大家最热烈的掌声的同时，也为她自己埋下了一颗流言的种子。

男生不是大怪兽

好事的男生就开始猜测了："你说，滢滢怕谁离她而去呢？"

"哈哈，肯定不会是我！"

这天，滢滢正在写作文，突然想引用一首古诗，可是，她只隐约记得其中一句，另一句怎么也想不起来。

怎么办？滢滢想到了班里的大才子小海，他能背出好多诗句呢，他一定知道。

于是，滢滢来到小海身边，问道："大才子，请教你一句诗啊！"

小海有点儿惊奇，滢滢可从来没有和他说过话呢，就微笑着说："什么诗啊？我要是知道，一定告诉你。"

滢滢微微一笑，说："嗯，就是那句啊，'心有灵犀一点通'的上一句是什么？"

"身无彩凤双飞翼。"小海得意地脱口而出。

"对，对，就是这句，谢谢你，不愧是大才子！"说完，滢滢就赶紧去写作文了。

没想到，就是这样的一次"请教"，被坐在小海后面的几个男生改成了"对诗"。

你听，那些男生开始杜撰了：

"听说了没有，滢滢原来喜欢大才子小海！"

"是吗，你怎么知道的？"

"刚才他们在对诗呢，什么'心有灵犀''比翼双飞'的，我亲耳听到的。"

"真的吗？那他们可真是郎才女貌啊！"

很快，流言四起，滢滢和小海的对话被编成了至少三个版本在流传。这下，滢滢和小海可真是跳进黄河也洗不清了。

一开始，滢滢并不在意这些流言，毕竟身正不怕影子斜，没有的事，就算他们再怎么传，又能怎样呢？

直到胡老师找她谈话的时候，她才意识到了问

题的严重性。

　　胡老师的话说得很委婉，全是让滢滢集中精力好好学习的话。滢滢心里是明白这些道理的，可听胡老师的话，他明显是不信任自己了，语气中充满了失望。

　　从胡老师办公室出来，滢滢的心情坏到了极点。

　　半路上，滢滢正好遇到了小海——他是胡老师谈话的下一个对象。

　　看见小海，滢滢远远地躲开了，生怕又生出什么事端来，到时候流言越传越严重，那可怎么办？

　　回到教室，滢滢感觉大家的眼神都怪怪的，仿

漂亮
脱口而出
委婉

佛自己被大家看透了一样。这种眼神，对滢滢来说，比任何责骂都可怕。

第二天，滢滢不敢来学校了，妈妈问起，滢滢就假装肚子疼，就是不起床。

妈妈打电话向胡老师请假，结果，胡老师把有关滢滢和小海的传言告诉了妈妈，希望妈妈能好好与滢滢谈谈。

还好，妈妈不是脾气暴躁的人，没有当面指着滢滢的鼻子骂，但是，从妈妈很委婉的话里，滢滢已经明白是怎么回事了。

"我真的什么都没有做！"滢滢终于爆发了，她再也忍不住了，放声大哭起来。

"妈妈，我不想上学了，所有人都不相信我，我不想再去学校了！"

滢滢的话让妈妈很吃惊，看来，这事没那么简单。

下午，妈妈专门来到学校和胡老师好好聊了聊。胡老师这才把坐在小海后面的几个男生叫来盘问。

结果让胡老师很惊讶，原来，那些关于滢滢和小海的故事，有一半以上是大家瞎编的。

胡老师很后悔，跟着妈妈来家里给滢滢道歉，滢滢这才看到了放晴的天空。

滢滢回到学校之后，胡老师专门组织了一次主题班会，讨论流言的危害。

胡老师说："如果滢滢为了这件事真的离开咱们班，离开学校，我相信，每一个传播过流言的人都会后悔。"

胡老师的话让大家感触很深，很多同学都默不作声，悄悄低下了头。流言的翅膀从此被斩断了。

如何面对流言

流言的最大危害在于以讹传讹。尤其是事关男女交往的流言，会在不断的误传中变成不同的版本，而每一次误传，都会使流言的伤害变大。如果不加以阻止和干预，真相就会被湮没在流言中。

正是因为滢滢害怕流言、躲避流言，没有及时制止流言的传播，才会让其不断地传播下去。因此，要避免流言带来的负面影响，就要阻止流言前进的脚步。

到底该如何让流言停止呢?

流言止于智者。面对流言，首先要调整好自己的心态，只要自己行为端正，没有做过的事就是没有，以良好的心态面对流言，流言自然会不攻自破。

在学校，总会有一些异性之间的接触，一味解释只会助长流言传播者的猎奇乐趣，反而让流言传播得更快。面对流言，要及时表明自己的态度，保持冷静，控制住自己的情绪；要坦荡、正直，对流言不听、不信。

同时，在遇到他人传播与事实不符的事情时，应予以纠正，并用恰当的语气告诉流言传播者，这种行为是不对的。如果自己无法阻止流言传播，或者自己因为流言而内心痛苦，千万不要沉默，可以请老师、家长帮忙解决。

具体可以从以下几

方面来应对。

1.正面面对。

同学们在一起聊天，总是会针对某事发表自己的观点。无论好坏，都是别人的看法。对于别人的看法，你要学会理性地分析判断，既不要一味地排斥，也不要一味地接受。如果从中发现了自己的缺点或不足，要及时总结，并改正。对于与事实不符的言语，应适时予以纠正。

2.选择沉默。

这里所指的沉默，不是一味地妥协，而是在恰当的时候保持沉默。当你向别人解释了一遍，而别人根本不听你的解释时，你可以选择沉默。因为在这样的情况下，你越解释，别人越觉得有问题。

在流言过去后，也应保持沉默，因为这时大多数人已经对流言释怀了，如果你还站出来解释，很可能让新的流言产生。

3.懂得忘记。

流言蜚语有时候很令人困扰，而实际上有很多话你根本不需要在意，因为清者自清。时间能解决一切问题，当

流言慢慢消失的时候，一切又会回归往常。

4. 必要时做出反抗。

如果流言影响到了你的学习、生活，给你戴上了枷锁，你一定要学会及时反抗。

你可以把事实告诉爸爸妈妈或者老师，让他们来帮你澄清。对于流言的传播者，要态度坚决，口头警告无效，可以请家长或老师出面帮忙。

女生小攻略

用正能量避免流言产生

很多女生会因为担心流言的伤害，而不敢和男生走近，甚至不敢与异性交往。怎样才能避免在和男生交往时产生流言呢？以下这几个方法都很管用哦。

1. 更新观念，主动交往

过分压抑对身心的健康发展是不利的。今天，人们的观念发生了巨大的变化，开放型的人际交往成了社交的主旋律。因此，不应将与男生的交往神秘化。女生要开朗活泼，在男生面前落落大方，主动展现自己阳光的一面。

2. 弘扬正气，创造良好环境

弘扬正气，创造合适的氛围，形成正确的舆论，从我做起，从现在做起。与男生交往时，堂堂正正，摒弃杂念；对别人的交往不冷眼相向，不遏制，不捕风捉影，不制造、传播流言。

3. 把握异性间友谊的界限

对女生来说，异性间友谊的界限不易把握，因此，女生应尽可能进行群体交往。在群体交往中，既能满足心理需求，获得纯洁友谊，又可避免越界行为。

4. 大大方方，不故作姿态

人们都喜欢在异性面前表现自己，以获得异性的好感和青睐，这是正常的。但一定要掌握界限，自然大方，避免粗俗轻浮。因为那样只会招来流言，把自己置于困境。

5. 善于学习异性的优点

男生女生在性格和气质方面各有长处。男生坚毅、刚强、勇敢、独立。不与男生交往，很难发现他们身上的优点，而这些优点又可能是自己缺少的。男生女生之间进行正常交往，可以相互学习，共同进步。

10

励志的"奶茶哥哥"

很多女生会发现，在帅哥面前，女生会变得心情愉快，做起事情来也会很积极。

校门口开了一家饮品店，门口摆满了花篮，而且还有学生排起了长队。

"不会吧，不就是买一杯饮料嘛，至于排这么长的队吗？"楠楠说。

"你瞧，这里好像有个广告牌。"小絮说道，"每

天前20名顾客免费赠送一杯奶茶！怪不得呢，有免费奶茶，我们要不要也排队？"

"当然要排队，快过去！"楠楠说着就拉起小絮飞快地排到队伍后面。

等了大约半个小时，后面排队的人已经没了耐

心，都走了，剩下楠楠和小絮挨到了最后。

"两杯免费奶茶！"楠楠朝店里的姐姐喊道。

"不好意思，小妹妹，免费奶茶只剩一杯了，另一杯是需要付钱的。"

"什么？不会这么巧吧，排到我们这儿就只剩一杯了？"小絮惊讶地说。

"两位小妹妹，你们真的是第 20 和 21 位！"姐姐微笑着说。

"哼，既然排到我们这儿就只剩一杯了，你应该早点儿告诉我们，让我们傻等半天。"楠楠生气地说。

听到争吵，从店里走出来一位哥

哥，他说："两位小妹妹，实在是不好意思，是我们考虑不周，今天就破例多送一杯奶茶。欢迎下次光临！"

哈哈，这话听起来才顺耳嘛。

楠楠转过头，正想谢谢这位通情达理的哥哥，突然，她惊呆了。

这位哥哥的脸长得可真精致，高高的鼻梁，虽小但有神的眼睛，微微上翘的嘴角。呵，这不就是楠楠心目中完美的男子吗？他怎么会出现在这样的一家小店，而且，还是这样一个不合时宜的场合？

楠楠害羞地低下了头，拉起端着

奶茶的小絮赶紧跑。

"慢点儿啊，楠楠，奶茶要洒了！"小絮说，"你急什么呢，慢慢走嘛！"

看小絮不走了，楠楠才停下来，说："你瞧瞧，我的脸很红吗？"

小絮奇怪地看了楠楠一眼，说："还好，不是很红，你到底怎么了？"

楠楠低声说："刚才那个男孩好帅呀！"

一听到"帅"，小絮就四处张望着，说："哪里，在哪里呀？"

"哎呀，就是刚才送我们奶茶的那个！"

"你说他呀，'奶茶哥哥'，呵呵，这个名字倒和他挺配，皮肤又白又嫩的，像个女孩呢，长得还算帅吧，就是眼睛有点儿小。"看来，小絮和楠楠

的审美标准不太一致呢。

"你知道啥？小眼睛才迷人呢！"楠楠陶醉地说。

"好了，别陶醉了，给你奶茶，都快凉了。"小絮说着，就把奶茶递了过去。

晚上，楠楠满脑子都是那个"奶茶哥哥"。为什么第一眼看到这个人就不自觉地脸红心跳呢？他为什么会突然出现在这里呢？而且是卖奶茶的。真的是太奇怪了。

从那天起，为了看一眼"奶茶哥哥"，买一杯奶茶成了楠楠放学后的必修课。

这天，突然刮起了大风，天色也暗了下来。楠楠买完奶茶刚准备走，就被"奶茶哥哥"叫住了："小妹妹，进来避避风吧，等大风过去了再走。"

楠楠只好拿着奶茶进了店。

店里很小，只摆了两张桌子，"奶茶哥哥"就坐在靠里边的桌子旁，桌上放着一本厚厚的英语词典。

楠楠好奇地问："你在学英语吗？"

"奶茶哥哥"点点头，不好意思地说："嗯，照着词典学，是不是很笨呀？"

楠楠赶紧说："没有没有，我只是好奇。我看你的年龄也不大，怎么不去上学呀？"

"奶茶哥哥"的脸一下子变得阴郁了，他说："不是不想上，是不能上。"

"为什么呢？"楠楠好奇地问。

"奶茶哥哥"指了指前面卖奶茶的女孩，说："地震的时候，父母走了，

妹妹的腿被压断了。为了照顾妹妹，我放弃了高考，在好心人的资助下，开了这家饮品店。我们决定每天前

20 杯奶茶免费送，不是为了招揽生意，而是想借此感谢那些帮助过我们的好人。"

虽然"奶茶哥哥"讲得很平淡，但是，楠楠的眼里还是噙满了泪花，她为"奶茶哥哥"而感伤。

"但是，你一直都没有放弃梦想，想继续考大学，是吧？"楠楠问。

"奶茶哥哥"点点头，说："你说得没错，我是有这个想法。等这家店运营正常了，我就去考大学，然后一边上学，一边照顾妹妹和经营小店。"

大风过去了，天空又开始放晴了。

楠楠站起身，对"奶茶哥哥"说："我该走了。谢谢你。"

"嗯，欢迎再来。……"奶茶哥哥"看着楠楠推开门。突然，楠楠转过身来，问道："你为什么愿意跟我讲你们的故事？"

"奶茶哥哥"微微一笑，说："因为我也是从你这个年龄过来的，我知道你在想些什么。你经常来我们店，从你的眼睛里，我猜到了你在想什么。告诉你这些，是希望你能有一个清晰的人生目标，不要把时间和精力浪费在虚幻的东西上。"

楠楠没有看错，"奶茶哥哥"的眼睛虽小，可是很聚光，竟然能看到她的内心，刚才他的话，确实让楠楠明白了好多道理。

"谢谢你，你应该去学心理学，呵呵，真希望能和你交朋友。"楠楠说。

"当然可以，随时欢迎你以朋友的身份来我的小店坐坐。""奶茶哥哥"笑着说。

第二天，楠楠告诉了小絮"奶茶哥哥"的故事。

　　小絮吃惊得眼珠子都快掉到地上了："好励志的'奶茶哥哥'呀！"

　　"是啊，我现在更加佩服他了，我要向他学习！"楠楠若有所思地说。

　　小絮笑着说："哈哈，'奶茶哥哥'变成'励志哥哥'啦！"

利用"异性效应"提升自己

因为一杯奶茶的缘故，楠楠的生活中走进了神秘的"奶茶哥哥"。奇妙的好感让楠楠开始留意"奶茶哥哥"。没想到，一段时间后，楠楠意外地发现，"奶茶哥哥"还有一个励志感人的故事。

一段缘于奶茶的异性交往，激发了楠楠奋发向上的斗志，让她对未来充满信心，也让她离自己的理想近了一步。

在生活中，在异性面前，很多女生会变得心情愉快，做什么事都很起劲。这是因为对异性的好奇心得到了满足。

与异性交往时，能激发自身更大的积极性和创造力，也会让自己更注意言行举止，让自己变得更积极、更正面。

这种神奇的力量就会产生令人意想不到的"异性效应"。

利用"异性效应",正确和异性交往,对女生的成长有很多好处。那么,青春期的女生可以利用"异性效应"来提升自己的哪些方面呢?

1. 取长补短,完善和丰富个性。

男生往往性格开朗、勇敢刚强、果断机智,不拘泥于细节,不计较得失。女生则往往感情细腻、举止文雅。男女同学交往,易于发现对方的长处和自己的不足,有利于相互学习、取长补短,完善和丰富自己的个性。

2. 提高学习与活动的效率。

男生在思维方式上偏重于抽象化,概括能力较强;女生在思维方式上多倾向于形象化,观察细致,富有想象力。男女同学在一起学习可相互启发,使思路更加清晰,思维更加活跃。

3. 提升自我评价的能力。

青春期的女生往往非常留心男同学的一言一行、一举一动,同时又很重视异性对自己的评价。

通过他人对自己的客观评价,以及自己对他人的客观

评价，相应地可以提升自我评价的能力，及时发现自身的长处并予以加强，发现自己的不足并予以弥补。

4. 激励自己奋发向上。

事实证明，有些对家长和老师的教导都不在乎的男生，在女生的帮助下，能够逐渐要求自己刻苦学习，各方面都有很大的进步。

与此同时，女生也会对自己提出相应的要求，学习刻苦努力，举止优雅大方，待人温文尔雅，言谈风趣，富有修养。这种异性间的相互影响，成了男女生各自进步的动力和促进剂。

5. 增进男女同学间的友谊。

借助"异性效应"，可以形成一种愉快的氛围，使班集体成员之间产生一定的情感依恋，增强集体的凝聚力，还能使大家收获纯洁的友谊。

　　总而言之，不论是"异性效应"，还是所谓的"好感"，都能给我们以向上的力量。关键看我们是否能够在异性交往中，正确处理彼此之间的关系，正确处理可能产生的流言蜚语。

女生小攻略

女生的异性交往准则

在与异性进行交往时，大家应遵循异性交往准则，使交往有利于自己的成长。

1. 交往对象

提倡女生与同班同学多交往，不提倡女生跨班、跨年级、跨校，甚至与社会不良人士交往。

2. 交往范围

提倡集体交往，不提倡与单个异性亲密交往。

3. 交往场所

提倡和异性在校内交往，不提倡在校外，尤其是在娱乐场所交往。

4. 交往内容

提倡女生与异性交往时多谈学习等健康内容，不提倡谈其他不适宜和不健康的内容。

5. 交往形式

提倡女生与异性交往重精神轻物质，不提倡学生交往时送贵重的礼物。

6. 交往举止

提倡女生与异性交往讲文明，举止、言辞得体，不提倡与异性交往动手动脚，有肢体接触。

7. 交往指导

提倡女生与异性交往时主动听取长辈的指导，不

提倡背着长辈（特别是监护人）交往。

8. 交往虚实

提倡女生与异性交往在现实环境中进行，不提倡与异性在网上交往。

刷刷

中国作家协会会员，儿童文学作家，江苏省优秀校外辅导员，江苏省十大优秀科普作家之一。主要作品有《向日葵中队》《幸福列车》《八十一棵许愿树》《星光少年》等。作品入选"优秀儿童文学出版工程"、"向全国青少年推荐的百种优秀图书"、"中国好书"月度好书等，曾获江苏省精神文明建设"五个一工程"奖、桂冠童书奖等。有多部作品被改编为儿童广播剧、儿童音乐舞台剧、儿童电影、百集儿童校园短剧等。